I0839650

Florence Samson

Tsunami dans les armées, emplois menacés en France

De l'auteur

« Liban, Bosnie, Côte d'Ivoire, Afghanistan, Mali...
et maintenant ? » Livret publié le 16 janvier 2013
aux Editions Omri Ezrati Paris

« Florange : Chronique d'une mort annoncée »
Livret publié le 14 décembre 2012 aux Editions
Omri Ezrati Paris

«Mariage gay, pourquoi la France s'enflamme »
Livret publié le 12 décembre 2012 aux Editions
Omri Ezrati Paris

« Paix à leurs âmes, RIP ! » Essai publié chez Omri
Ezrati éditions le 14 juin 2012 avec une version
anglaise "Rest in Peace"

« Une femme présidente pour la France» Essai
publié chez l'Harmattan le 1er décembre 2011.

« La jungle du chômage» Essai publié chez
l'Harmattan le 1er décembre 2010.

« La femme : objet de la gent masculine et des
diktats sociétaux, mars 2010»Essai publié chez
l'Harmattan le 1er avril 2010.

« L'ombre de 1929 plane en cette année 2009»Essai
publié chez l'Harmattan le 15 octobre 2009.

« Tabous et interdits gangrènes de notre société ».

Essai publié chez l'Harmattan le 1° Mars 2009.

« 1968-2008, l'héritage amer d'une génération ».
Essai publié chez l'Harmattan le 15 juin 2007.

« Outreau, et après ? La justice bousculée par la
Commission d'enquête parlementaire» : Essai publié
aux éditions l'Harmattan le 1er septembre 2006

« Notre maison brûle ! » Essai publié aux éditions
Thélès le 5 janvier 2006.

« Malaise dans la Gendarmerie » : Essai coécrit et
publié aux Presses Universitaires de France le 17
mai 2005.

Florence Samson

Tsunami dans les armées, emplois menacés en France

Lettre ouverte au Président de la République

Lettre ouverte au Président de la République

Monsieur Le Président de la République,
C'est une citoyenne engagée dans la vie associative
au niveau international, national et local qui
s'adresse à vous. Voici bientôt un an que vous êtes
au pouvoir et la casse sociale, de l'emploi ne cesse
de croitre. Cette lettre ouverte que je vous adresse a
pour objectif également de faire prendre conscience
auprès de nos concitoyens que le tsunami dans les
armées qui se profile va menacer de nombreux
emplois en France dans bien des secteurs, au-delà de
l'armée elle-même
Alors que 4000 militaires français sont engagés dans
un conflit contre AQMI au Mali depuis janvier 2013,
que 5 d'entres-eux ont perdu la vie, on apprend que
la rigueur budgétaire va être de mise dans les
armées. La contribution du ministère de la Défense
aux cinq milliards d'économies supplémentaires
réclamées à son gouvernement par Jean-Marc
Ayrault pour 2014 devrait être d'un milliard d'euros
et de deux milliards en 2015. Avec une croissance
nulle ou presque, une situation économique
gravement détériorée, le maintien de l'effort de
défense actuel (1,56 % du produit intérieur brut en
2013, pour un budget de 31 milliard d'euros) ne
pourrait pas être maintenu. Le ministre de la
Défense Jean-Yves le Drian ne cessait de dire que la
Défense serait touchée en proportion des efforts

consentis par les autres ministères, mais pas davantage. Sauf qu'aujourd'hui le scénario noir prévoit la vente du Charles de Gaulle au Brésil ou à l'Inde, la suppression de 30 régiments, l'arrêt des chaînes du Rafale et l'abandon de l'avion cargo A400M. Par ailleurs de nombreux programmes d'équipements seraient retardés ou repoussés aux calendes grecques. « Oubliés aussi, les programmes Scorpion des nouveaux blindés de l'armée de terre, des commandes d'hélicoptères NH-90 et Tigre, comme sont envisagées la fin de la série des Rafale, celle d'une grande partie des frégates FREMM et des sous-marins nucléaires d'attaque Barracuda. Les nouveaux ravitailleurs aériens MRTT, on oublie aussi... Une débâcle! » Comme le dit si bien le journaliste de l'hebdomadaire Le Point, Jean Gusinel, spécialiste défense.

Les réactions de l'UMP mais aussi du Sénat sont toutes justifiées et normales. Les députés UMP de la commission de la Défense se sont inquiétés dans un communiqué «Le Président de la République ne doit pas se servir du budget de la défense comme d'une variable d'ajustement budgétaire», ajoutent-ils. Même son de cloche chez les sénateurs PS et UMP. Une fois n'est pas coutume, tous les groupes politiques du Sénat ont lancé un appel à François Hollande, chef des armées, pour que le budget militaire de la France soit maintenu à un niveau comparable à celui qu'il est aujourd'hui, soit 30 milliards d'euros. "Si on laisse faire Bercy, dans 20 ans, il n'y a plus de défense en France", s'inquiète un sénateur UMP. Nous voici une nouvelle foi confrontés aux arbitrages socialistes en matière de Défense. Souvenons-nous en 2001 du mouvement initié par les épouses de gendarmes dont je faisais partie et qui a mis en lumière les difficultés auxquelles étaient confrontés les militaires dans leurs missions. Les gendarmes ont même bravé l'interdit de leur statut en descendant dans la rue. Remontant l'avenue de la Grande Armée à Paris avec les véhicules de services, face a eux le Gouvernement Jospin avait mis les policiers et envisageait même d'utiliser les chars de l'armée de Terre tant la tension était palpable. Le malaise de la gendarmerie était la face caché de l'iceberg. L'armée de Terre a elle-même suivi le mouvement. De plus en plus de militaires osaient s'exprimer prenant le risque de sanctions disciplinaires pour ne pas respecter leur statut. Le ministre de la Défense, socialiste, Alain Richard était complètement discrédité. Il a fallut l'intervention du Chef de l'Etat, Jacques Chirac pour que les doléances des militaires soient enfin entendues. Quelles était-elles ? Les militaires demandaient tout simplement d'avoir les moyens matériels et humains pour mener à bien leurs missions sans avoir à prendre sur leurs deniers personnels pour pallier aux manques de matériels. Sans compter les retards de soldes ou des indemnités de déplacement voire même d'OPEX. Aujourd'hui, il n'est pas admissible, à l'heure où nos soldats sont engagés sur le terrain et démontrent au quotidien leur compétence et leur professionnalisme de faire peser sur nos forces armées de telles menaces de réduction budgétaire, de manque de matériels et de moyens humains. Par ailleurs et à juste titre, la commission des Affaires étrangères, de la Défense et des Forces armées du Sénat a prévenu le gouvernement qu'une baisse du budget de la défense au-delà d'un seuil de 1,5% du PIB compromettrait la sécurité de la France. En effet, depuis le 11 septembre 2001, nous sommes entrés dans une nouvelle ère et une nouvelle forme de guerre : le terrorisme. En ce mois de mars 2013, deux jeunes ont été arrêtés à Marseille avec tout un arsenal prêt à l'emploi pour commettre des attentats terroristes. Attentats dont nous ne sommes pas à l'abri puisque nous devons faire face à des terroristes solitaires qui ont fait leurs armes dans les rangs d'Al Qaeda et d'AQMI. Nos militaires doivent même à l'étranger faire face à ces djihadistes français au Mali, mais aussi en Afghanistan. Pire encore, la France propose d'aider l'opposition syrienne en lui procurant des armes. Nous trouverions dans les moyens financiers d'aider l'opposition syrienne au détriment de nos propres forces armées ? En outre comment peut-on donner des armes à cette opposition alors même que nous resserrons les vis de nos propres armées. Sans compter que cette opposition est composée également de djihadistes qui attendent la chute de Bachar El Assad pour imposer une république islamiste. Nous les combattons au Mali et nous les armerions en Syrie ? On marche sur la tête. D'autant plus que nous avons devant nos yeux le résultat des révolutions arabes. Les printemps se sont transformés en hivers. Les fondamentalistes étaient en embuscade en Tunisie, en Egypte… Au moment où le monde vit une instabilité croissante, la France perdrait sa force ? Quelle stratégie géopolitique ? Pas besoin de sortir de l'ENA pour comprendre que nous avons besoin d'une armée en ordre de marche, équipée pour protéger les intérêts de la France partout dans le monde et sur son territoire. Quant à la Guyane, elle revêt une grande importance militaire : les armées y sont engagées dans une grande et difficile opération militaire (Harpie) contre les orpailleurs et elles assurent la protection du centre spatial guyanais ! Et peut-être demain des champs de pétrole au large des côtes... Les côtes, nouvel enjeu crucial, avec la raréfaction des ressources de la mer, les eaux territoriales doivent être encore plus protégées, voire leur périmètre élargi comme l'a déjà exprimé le France sous le mandat du Président Sarkozy. Le plan Vigipirate est toujours actif depuis les attentats du 11 septembre. Il mobilise nos armées qui viennent en renfort auprès de leurs homologues gendarmes et des policiers. Dans les promesses de campagne, le candidat Hollande voulait mettre l'accent sur la sécurité en France. Or cette promesse prend du plomb dans l'aile avec de telles perspectives pour nos armées. La sécurité du territoire n'est pas la mission exclusive des forces de police et de gendarmerie. C'est un tout où les militaires bien au de-là du plan Vigipirate, jouent un rôle essentiel. Notamment par la surveillance des en mer, mais aussi dans le renseignement extérieur et la protection voire l'extraction de nos concitoyens à l'étranger. A cela s'ajoute les missions de protection des intérêts français à l'étranger et du corps diplomatique. Nos militaires ne font pas que la guerre, ils sont aussi des sentinelles. Nos positions à l'étranger comme la Corne de l'Afrique sont autant de théâtres d'opérations pour nos armées. Soutien à la mission civile de PSDC « Eucap Nestor » de renforcement des capacités maritimes et judiciaires dans la Corne de l'Afrique lancée en juillet 2012 et qui poursuit son déploiement. Elles sont engagées pour assurer la protection des institutions fédérales et tous ceux qui prennent part au processus de transition politique en Somalie. La France reste aux côtés de la Somalie dans ses efforts de stabilisation, en particulier par son soutien à l'AMISOM et à la formation de soldats somaliens dans le cadre de la mission « EU Training Mission (EUTM) for Somalia ». Au-delà de la seule sécurité de la France, c'est aussi la question de Défense européenne qui est en jeu. Partout en Europe, les dépenses de défense sont à la baisse. « Le volume des troupes européennes fond à vue d'œil : de presque 2,1 millions de militaires en 2000, il chute à environ 1,5 millions en 2011, soit – 70.000 personnes en une année de 2010 à 2011. » Or la France et la Grande-Bretagne sont les deux seuls pays européens à investir encore de manière conséquente dans leurs budgets de défense. «Si l'un des deux décroche, la pression se fera automatiquement ressentir sur l'autre », comme le souligne le ministre de la Défense anglais, Andrew Murrison. En 3 ans en Europe, les budgets Défense ont diminué de 30 milliards d'euros, soit le montant du budget militaire français, lequel représente 10 %

du budget national. L'Europe qui n'a pas d'autre choix que de se protéger suite au basculement de la politique des Etats-Unis d'Amérique. En effet, le Président Barack Obama lui aussi obligé de mettre à la diète sa défense suite aux guerres en Irak et en Afghanistan. L'administration américaine effectue un nouveau choix géostratégique vers la région Asie-Pacifique, marqué notamment par un accroissement des forces de sa marine dans la région. L'objectif est évident : endiguer la Chine, deuxième puissance militaire et économique de nos jours. Mais également être prêt en cas d'attaque de la Corée du Nord qui menace la paix entre les deux Corée. « "Gaullo-mitterrandien" comme il se définit lui-même, l'ancien ministre socialiste des Affaires étrangères Hubert Védrine évoque le risque, pour l'Europe, « de quitter le cours de l'histoire ». D'autres experts parlent d'un « déclassement stratégique », d'une « sortie de la scène internationale » de notre pays, avec un impact qui serait catastrophique pour l'industrie de défense, composante essentielle de la souveraineté nationale, dont les entreprises, des plus petites aux plus grandes, sont créatrices d'emplois et de technologies.(…) Au Mali, notre pays a prouvé et défendu son statut de puissance mondiale, responsable et respectée. Il a pu le faire en déployant la panoplie à sa disposition : satellites, avions, hélicoptères, troupes de choc, forces d'occupation et de contrôle, assistants et coopérants. Combinant ces moyens dans un temps très court, sur un théâtre lointain et immense, l'opération Serval a été d'une complexité rare, intégrant la logistique et le combat dans une même chaîne opérationnelle, ce que peu de nations sont capables de maîtriser. « J'espère que l'intervention française au Mali ne sera pas un "chant du cygne" mais créera au contraire les conditions d'un "sursaut" », disait le général Henri Bentegeat, l'ancien chef d'état-major des armées, lors de son audition à l'Assemblée nationale. » Au-delà de nouvelles opérations qui, dans notre monde instable ne manqueront vraisemblablement de se déclencher, il importe effectivement de pouvoir apporter à des professionnels ce qu'ils sont en droit d'attendre, à savoir les conditions pour effectuer correctement leur métier. Même les français dans un dernier sondage en mars 2013, sont 66 % à penser qu'il faut augmenter le budget militaire.

« Nous avons un outil opérationnel performant et jalousé même si nos armées ont bien sûr des lacunes, une industrie de l'armement parmi les meilleures au monde, qui emploie des salariés non délocalisables et nous allons vraisemblablement tout casser, regrette un général interrogé par La Tribune » . Car nous le savons tous, la Défense a toujours était une industrie pourvoyeuses d'emplois directs et indirects. Or aujourd'hui de nombreux emplois sont menacés.

Tout d'abord dans l'armée elle-même. Les effectifs des armées répondent à des contrats opérationnels définis par la représentation nationale et traduisent l'ambition de la France. Ce ne sont pas de simples variables d'ajustement. Si les trois armes sont concernées, c'est bien dans l'armée de terre que les craintes sont les plus profondes. C'est pourquoi, le chef d'état-major de l'armée de terre est très inquiet des orientations en train de prendre corps. C'est sur son arme que devrait porter l'essentiel de l'effort d'économies : on parle de diminuer de 18 000 hommes les effectifs de l'armée de terre. « Car c'est bien avec le volume de la force terrestre projetable (aujourd'hui 73 000 hommes) que doivent se raisonner les contrats opérationnels et non avec les effectifs de l'armée de terre au sens large (135 000 militaires et civils), effectifs qui comprennent notamment 11 000 hommes servant au sein des ministères de l'intérieur (pompiers, sécurité-civile) et de l'outre-mer (service militaire adapté - SMA) et 23 000 hommes au sein des services et directions interarmées du ministère de la défense. (..) Récemment pointée du doigt sur les questions de masse salariale et d'avancement, souvent à tort, l'armée de terre saura, enfin, prendre les mesures qui s'imposeront pour maîtriser sa masse salariale. Mais il va sans dire que les révélations de l'été 2012, par médias interposés, ont été un choc. J'étais d'ailleurs lundi avec les représentants des officiers de l'ensemble des régiments réunis en séminaire. Ce sujet d'inquiétude était sur toutes les lèvres. Il dépasse bien évidemment la seule catégorie des officiers car la restriction de l'avancement, dont je rappelle qu'il se fait presque essentiellement « au choix », c'est-à-dire au mérite, aura un impact sur « l'escalier social » qui est la force des armées et qui permet, à chacun, selon ses capacités, d'accéder à des responsabilités supérieures. Je vous rappellerai ainsi que 70 % des sous-officiers sont issus des militaires du rang et que 70 % des officiers ne sortent pas directement des écoles de Coëtquidan. Je m'inquiète donc de ces polémiques qui, en pointant telle ou telle catégorie ou grade, distillent injustement ressentiment et tension inter catégorielle qui n'ont pas lieu d'être dans notre institution. Je me dois ainsi de rappeler que toutes les catégories de personnel ont bénéficié, à partir de 2008, du mouvement de rattrapage des soldes souhaité par le Haut Comité d'évaluation de la condition militaire dans son premier rapport de février 2007.» La France possède aujourd'hui avec l'armée de terre un outil remarquable qui, malgré les réformes lourdes, n'a jamais fait défaut pour répondre à ses engagements opérationnels. Mais elle est dans une situation d'équilibre qu'il lui est de plus en plus difficile de préserver. Son format est tout « juste insuffisant » expliquait un récent rapport du Sénat. « Il ne faut, en effet, pas oublier qu'en 2009, l'armée de terre, avec le même format, était en situation de « surchauffe » opérationnelle. (…) Je souhaite enfin saluer la remarquable capacité qu'ont les militaires de l'armée de terre à s'adapter aux évolutions de leur environnement. Peu de corps constitués de la fonction publique ont vécu des transformations de leur quotidien aussi importantes et aussi denses. Ces difficultés n'ont, jusqu'à présent, pas eu d'impact sur le taux de fidélisation. Ce qui traduit leur attachement à notre institution, attachement dont la plus belle preuve est la reconnaissance de nos blessés pour le soutien et la prise en charge que l'institution leur prodigue. J'estime donc de mon devoir de tout faire pour faciliter leur quotidien.» . Au-delà de ces perspectives chiffrées, c'est bien la garantie de l'excellence opérationnelle de l'armée de terre qui est en jeu. « Plus généralement, les postes supprimés concernent notamment les états-majors (-64 pour celui de l'armée de Terre, -168 pour celui de l'armée de l'Air et -110 pour celui de la Marine nationale). Autre observation : ce sont les fonctions liées au soutien qui seront les plus touchées. Ainsi, les effectifs de la division "Soutien de l'homme" 3D.117 de l'armée de l'Air perdra 157 personnels. De même que la sous-direction action sociale du Secrétariat général pour l'administration (SGA) devra rendre 59 postes. Dans le cadre de la réorganisation de la fonction recherche du Service de Santé des Armées (SSA), l'Institut de recherche biomédicale des armées (IRBA) va perdre 245 postes, dont 111 pour l'antenne de Marseille (médecine tropicale) et 234 pour celle de La Tronche. Les effectifs de la Direction interarmées des réseaux d'infrastructure et des systèmes d'information (DIRISI) vont aussi fondre et certaines antennes perdront plus d'une centaine de postes, ce qui peut paraître anachronique quand l'on parle de plus en plus de cyberguerre et de sécurité des réseaux… Enfin, les escadrons de protection de l'armée de l'Air sont également concernés par la déflation des effectifs, chacun devant perdre une dizaine de postes en moyenne. » Concernant le porte-avions Charles-de-Gaulle, s'il devait être cédé voire mis en cale sèche, la place de la France dans le monde ne serait plus la même. C'est toute l'opérabilité de la Force d'action navale qui serait remise en cause. Avec ses 2.000 membres d'équipages, le Charles-de-Gaulle est un outil de projection de puissance. Il peut se rendre au plus près des côtes de tous les pays du monde. C'est un atout considérable que tout le monde nous envie. C'est un symbole ! Il n'y a que les USA qui – avec la France – maîtrise cette technologie.

Au total, il est question de 50000 suppressions d'emploi dans les armées (c'est l'effectif total de l'armée de l'air) et autant dans l'industrie de défense dont 10 000 emplois d'Airbus Military. Par ailleurs, il est une situation dont on parle peu, mais qui n'est pas sans conséquences pour les familles de militaires. Si la mobilité est de mise dans ce milieu, les conjoint(e)s qui travaillent vont devoir démissionner pour suivre leur conjoint. De fait, des entreprises perdront des personnels qualifiés. Elles devront recruter à moins qu'elles ne décident de profiter de la situation pour restructurer leur ressource humaine. Dans les régions où seront affectés les militaires, mécaniquement il y aura de nouvelles inscriptions auprès de Pôle-Emploi. La vie de ces familles de militaires subira une baisse de leur pouvoir d'achat et ne consommeront pas autant que dans leur précédente résidence. A moins que crise du chômage étant, les conjoint(e)s décident de demeurer sur place pour ne pas perdre leur emploi, de facto une nouvelle vague de célibat géographique pour les militaire est à craindre avec toutes les conséquences que cela supposent. Vie de famille

décousue en plus des missions en OPEX,
augmentation des frais pour ces ménages…
Cependant le phénomène risque d'être minime, mais
il importe d'alerter les autorités sur la situation
familiale des militaires qui peut avoir un impact sur
le moral des troupes et le portefeuille des familles.
En effet, même si l'Etat prend en charge le
déménagement des familles de militaires, il n'en
demeure pas moins qu'il représente un coût pour
celles-ci. J'ai connu cette situation avec 5
déménagements en 13 ans de vie conjugale, étant ex-
femme de militaire. A chaque déménagement les
factures sont multipliées par deux. Celles de l'ancien
domicile, puis celles d'emménagement. Il faut faire
le tour des administrations, inscription des enfants
dans le nouvel établissement scolaire, suivi du
courrier, changement sur la carte grise, prévenir les
impôts, vite prendre ses marques dans la nouvelle
région pour savoir se repérer, s'inscrire à Pôle-
Emploi, rechercher un nouvel emploi ….
Suite à cet aparté sur les conséquences pour les
familles de militaire, voyons maintenant ce
qu'impliquerait pour l'emploi en général cette
nouvelle mouture du Livre blanc de la Défense
2013.
Le syndicat CFDT Défense a diffusé un appel "à une
mobilisation nationale et citoyenne" son secrétaire
général Luc Scappini, dans un communiqué de
presse indique que « Les piste évoquées (…) si elles
étaient confirmées, se traduiraient pour le ministère
de la Défense et le groupes industriels, par des plans
sociaux d'envergure, des fermetures de sites publics

et privés. Plusieurs scénarios sont envisagés mais le scénario catastrophe serait synonyme d'un déclassement stratégique de la France (…) La CFDT Défense refuse que les missions régaliennes de la Défense soient l'instrument de la calculette de Bercy. La CFDT Défense dénonce certaines volontés à l'œuvre pour faire rentrer le nouveau livre blanc au chausse-pied, dans un format budgétaire impossible. Elle dénonce un déni de réalité qui remet en cause la sécurité de la nation et l'exercice même de sa souveraineté. Elle s'insurge contre une politique qui compromet l'avenir de nos industries de Défense et les emplois qui s'y rattachent. DCNS, NEXTER, MBDA, THALES, EADS, SAFRAN ET DASSAULT Aviation sont en première ligne. La CFDT Défense appelle à une mobilisation nationale et citoyenne afin que le Chef des Armées intègre la défense au rang des priorités nationales, comme l'éducation ou la sécurité qui ne concerne pas seulement le ministère de l'Intérieur » Lorsque l'on découvre la liste des entreprises qui pourraient être affectées, on imagine sans mal la casse occasionnée sur l'emploi. Comme le souligne Etienne de Durand la situation est dangereuse parce que, « non seulement l'armée recrute 15.000 jeunes par an, mais aussi parce que l'industrie de défense (…) est essentiellement non délocalisable, de haute technologie et qu'elle exporte. » L'industrie de la Défense est aussi le fleuron de notre industrie à l'international. Pour comprendre l'impact du Livre blanc de la Défense qui se profile, quelques chiffres sur nos fleurons. EADS vient d'annoncer des résultats supérieurs aux prévisions. Son chiffre d'affaires a progressé de 15%, à 56,5 milliards en 2012, signe d'une performance d'ensemble, les fortes progressions de la filiale Eurocopter, numéro un mondial des hélicoptères civils, et de la division espace Astrium, portées par les activités de service. Thales a réalisé en 2012 un chiffre d'affaires de 14,158 milliards d'euros, en hausse de 9%, notamment sous l'effet de la consolidation du constructeur naval militaire DCNS pour la première fois dans ses comptes. Longtemps moqué pour son incapacité à vendre hors de nos frontières son Rafale, Dassault Aviation a annoncé, quant à lui, un chiffre d'affaires 2012 en hausse de 19,2% à 3,9 milliards d'euros. Le succès de ses avions d'affaires Falcon lui a permis d'attendre, avec sérénité, et de décrocher de premières commandes à l'export pour son avion de combat. A elle seule, l'industrie de la Défense représente 165.000 emplois directs et autant d'indirects. On voit vite les conséquences sur l'emploi en France si l'Armée se retrouve au régime sec. Combien de chômeurs viendront grossir les rangs de Pôle-Emploi ? Alors que le taux de chômage dépasse allégrement les 10% dans notre pays sans compter les demandeurs d'emploi non-inscrits. Mais cette débâcle n'est que la partie visible de l'iceberg. En effet, à ces chiffres viendront mécaniquement s'additionner ceux des licenciements dans les PME et les TPE, sous-traitants des grands groupes de notre industrie de la Défense. Autant de chômeurs qualifiés et expérimentés qu'il faudra parvenir à reclasser dans d'autres secteurs, voire former pour une reconversion. Mais laquelle ? Nous avons vu les conséquences sur l'industrie de la Défense, mais elle n'est pas la seule touchée indirectement. En effet, avec l'annonce de la fermeture de 30 casernes, c'est autant de difficultés à venir pour les régions concernées. Les conséquences économiques ne sont pas anodines. Les communes concernées et alentours vont perdre des habitants. Moins d'habitants, cela signifie moins d'entrées fiscales pour les communes, moins de possibilités d'investir dans des infrastructures, voire la fermeture d'écoles. Alors que persistent les frais fixes pour les services publics locaux que sont l'école, la crèche, la médiathèque, le musée, le théâtre, le cinéma …qui voient leur fréquentation diminuer drastiquement. S'ajoutent également une baisse mécanique sur le chiffre d'affaires des commerçants qui faute de ne pouvoir encaisser cette chute de la consommation licencieront et/ou fermeront. Les logements libérés par les familles de militaires dans un contexte conjoncturel difficile, le délai des transactions immobilières pourrait s'allonger. Les agences immobilières auront deux alternatives: soit faire en sorte que les propriétaires baissent leur prix pour parvenir à louer leur bien et donc percevoir leur commission, soit maintenir les prix demandés par les propriétaires et du coup se retrouver à devoir gérer une baisse de leur chiffre d'affaires avec de probables incidences sur leur trésorerie et par ricochet sur l'emploi. Au final on assistera à une désertification de ces régions déjà fortement

impactées par le chômage comme partout en France.
Prenons un exemple pour illustrer l'ensemble de ces
propos sur l'incidence de la disparition d'un
régiment dans une commune. Le 8ème Régiment
d'Artillerie de Commercy doit être fermé. Pour avoir
habité pas loin de cette commune de la Meuse
pendant six ans, j'imagine non sans mal ce que cela
implique. La fermeture programmée par le précédent
Président Sarkozy, celle-ci ne devait être effective
qu'à condition qu'une solution en termes d'emplois
ne soit trouvée. C'était l'engagement de l'Etat donné
au maire socialiste de la commune. Or le nouveau
Gouvernement Ayrault en a décidé autrement. Le
Maire qui avait rencontré le ministre de la Défense
Jean-Yves Le Drian, se dit trahi car les militaires
représentent 10% de la population avec des
conséquences néfastes pour la ville, le département
et la région Lorraine. La Meuse perd 40 % de ses
effectifs militaires, avec la suppression de 1 400
postes, la Moselle en perd 38% avec 5 300 postes
supprimés. D'après une étude de l'INSEE d'avril
2010, le redéploiement programmé aurait
occasionné pour l'agglomération messine une perte
estimée à 5078 emplois militaires et civils, soit près
de 12 % des suppressions totales envisagées sur le
territoire national. Sur les bases d'une étude du
Conseil économique et social de Lorraine, l'impact
démographique réel, en tenant compte des familles
concernées, correspondra à une perte de population
d'environ 12 000 personnes sur l'agglomération.
C'est donc face à un véritable traumatisme que se
sont retrouvés confrontés les élus, qui ont dû gérer le

choc des départs et relever le défi de la revitalisation économique, sur des territoires déjà blessés par la désindustrialisation.

Ce constat parle de lui-même. Les Sénateurs l'ont bien compris. Dans un rapport, dont sont issus ces chiffres, on peut lire : « Avec le départ d'une unité militaire, c'est tout le tissu économique et social qui peut se trouver déstabilisé, suivant une « spirale » négative, qui voit s'accumuler perte d'emplois directs, déménagement des familles, baisse du pouvoir d'achat local, impact sur les commerçants, impact sur l'immobilier, départ d'enfants dans les écoles, diminution des usagers du service public (hôpital, crèches, écoles...), baisse du potentiel fiscal et donc des dotations.... Par la force des choses, les maires se sont bien souvent retrouvés en première ligne pour gérer les conséquences de la restructuration. Force est de constater en outre qu'avec l'effilochement du tissu industriel, la réforme de la carte judiciaire, de la carte hospitalière, des réseaux financiers locaux de l'État, toutes les restructurations finissent par s'accumuler sur les mêmes, pour créer une impression de délaissement. Les effets se cumulent dans certaines régions comme la Lorraine, Champagne-Ardenne, Nord-Pas-de-Calais et Picardie. Compte tenu de la dispersion du stationnement jusqu'alors, ce sont souvent de petites communes, en zone isolée, qui sont frappées de plein fouet par la fermeture d'un régiment ou d'une base aérienne. (...) La fermeture de services ou d'établissements dans le cadre de la

RGPP présente un effet non seulement par elle-même mais aussi par les répercussions qu'elle peut avoir. Lorsqu'un territoire est touché, il n'est ainsi pas rare qu'un effet   « dominos » se mette en place avec des fermetures en série. (…) Toutefois, cet effet de cascade ne se limite pas au champ des services publics mais il implique toute l'économie locale, l'emploi et la vitalité démographique du territoire frappé. Cette mécanique est, hélas, bien connue qui consiste dans le dépérissement d'une commune sous l'effet conjugué de la fermeture d'un ou de plusieurs services publics, puis du départ des acteurs économiques porteurs de dynamisme et de développement et, enfin, des familles. Cet effet « dominos » est d'autant plus fort que la commune concernée est de petite taille. » Pour compenser ces pertes pour les régions concernées, l'Etant met en place des contrats de redynamisation des sites de défense et des plans locaux de revitalisation. L'objectif est de permettre à ces communes de rebondir économiquement dans de nouvelles activités créatrices d'emplois. Mais aujourd'hui en France la création d'emploi est à l'arrêt, Pôle-Emploi reconnait même un recul des offres d'emploi, les chiffres des créations d'entreprises sont également en berne. « Dans sa dernière note de conjoncture rendue publique, l'Insee estime à 75.000 le nombre de destructions d'emplois salariés au premier semestre 2013, après une saignée de 89. 000 au second de 2012. Soit un recul de 164. 000 postes en l'espace d'un an que le crédit d'impôt compétitivité, décidé en novembre, ne compensera que partiellement. L'Insee estime en effet ses retombées à 15.000 emplois sur les six premiers mois de 2013. Au final, l'emploi salarié aura enregistré mi 2013 sept trimestres de baisse sur huit. (…) Quant au taux de chômage, il va continuer sa folle envolée entamée début 2008 pour atteindre 10,9 % de la population active en France entière (10,5 % dans la seule Hexagone) fin juin 2013, d'après les prévisions de l'institut de conjoncture. Des niveaux qui n'ont pas été atteints depuis fin 1997. Sauf qu'à cette époque, la tendance était alors baissière, et non haussière comme aujourd'hui. Entre le début de la crise, il y a près de cinq ans, et le milieu d'année prochaine, le taux de chômage aura bondi de 3,5 points, un record en si peu de temps. » Avec le tsunami annoncé dans les Armées et les conséquences induites directement ou indirectement sur l'emploi, on ne peut que craindre une hausse du chômage et un nouveau ralentissement de l'économie française. N'oublions pas que l'Armée contribue à hauteur de quinze milliards d'euro à l'économie de notre Pays et qu'il est le second employeur en France.

« On ne peut qu'imaginer les conséquences catastrophiques d'une nouvelle réduction du même ordre sur des capacités opérationnelles au point de rupture mais aussi sur des pans entiers du troisième secteur industriel français. Ne nous leurrons pas, cette faillite budgétaire se doublera d'une crise morale dont on peut percevoir déjà certains signes mais dont on ne peut prédire les manifestations.»

Nous ne sommes pas à l'abri d'une montée de la désespérance qui se traduit de plus en plus par des conflits sociaux où les salariés sur la sellette n'hésitent plus à s'en prendre de façon violente aux forces de l'ordre. Le dernier exemple en date est celui des salariés de Goodyear d'Amiens.

Les réalistes rappelleront que la Défense sert à garantir l'indépendance, et que lorsqu'on transporte des troupes sur des avions étrangers, qu'on obtient des renseignements d'une superpuissance tant qu'elle le veut bien, et qu'on ne dispose pas d'un porte-avions que six mois de l'année du fait de l'importance de nos côtes en métropole et outre-mer. Nous assistons in fine à un Etat lui-même qui devient tragiquement insuffisant sur les missions régaliennes. Une Justice sans prisons, une Sécurité intérieure qui doit faire face à la montée des règlements de comptes dans le milieu marseillais et les banlieues, une Armée dont la force de projection se réduit à un mouchoir de poche. L'indépendance chère au Général de Gaulle est devenue trop chère pour notre Etat alors qu'elle est vitale pour notre Nation en raison des risques terroristes, mais aussi du délitement de l'Europe où les extrémistes de tous bords montent en puissance. Il est grand temps que le Gouvernement trouve des solutions sans quoi la désespérance va devenir explosive et risque d'avoir des conséquences sur la paix civile en France.

L'Europe doit aussi bouger. N'oublions pas que c'est sur la désespérance d'après la crise de 1929 que nous

avons vu arriver au pouvoir des dictateurs qui ont
mené l'Europe vers la guerre puis le monde entier.
Les deux guerres mondiales ont toutes commencées
en Europe, si l'Europe flanche, c'est le monde entier
qui suivra...

Paris le 20 mars 2013

www.ingramcontent.com/pod-product-compliance
Lightning Source LLC
Chambersburg PA
CBHW072345270726
48659CB00023B/2392